Was ich an dir liebe

Das Fragespiel für Ehepaare

Egal, ob ihr frisch verheiratet seid oder die Silberhochzeit vor der Tür steht, es gibt zahlreiche Fragen, die ihr euch noch nie oder lange nicht gestellt habt. Und es gibt so viele Dinge, die ihr aneinander liebt, bewundert und hinreißend findet, aber im Alltag fehlt oft die Gelegenheit, sie auszusprechen. Das wird nun anders.

Diese 62 liebevollen und ungewöhnlichen Fragen

bringen euch einander nä-
her und ermöglichen euch spielerisch, miteinander in tiefgründige Gespräche zu kommen und in Erinnerungen zu schwelgen. Ohne großes Brimborium könnt ihr euch in den anderen hineinversetzen und entdecken, was eure Ehe so einzigartig macht und was ihr aneinander liebt.

Bibli[illegible]nformation der Deutschen Nationalbibliothek
Die Deutsche Nationalbibliothek verzeichnet diese Publikation in der Deutschen Nationalbibliografie. Detaillierte bibliografische Daten sind im Internet über http://dnb.d-nb.de abrufbar.

Für Fragen und Anregungen
info@rivaverlag.de

Wichtiger Hinweis
Ausschließlich zum Zweck der besseren Lesbarkeit wurde auf eine genderspezifische Schreibweise sowie eine Mehrfachbezeichnung verzichtet. Alle personenbezogenen Bezeichnungen sind somit geschlechtsneutral zu verstehen.

Türkenstraße 89
80799 München
Tel.: 089 651285-0
Fax: 089 652096

Gestaltung und Layout: Sonja Vallant
Abbildungen: depositphotos/sweetok, kues
Satz: Müjde Puzziferri, MP Medien, München
Druck: Longo AG, Italien
Printed in the EU

ISBN Print 978-3-7423-1636-3

Weitere Informationen finden Sie unter:
www.rivaverlag.de | www.m-vg.de

zieht eine Karte und stellt Person B die Frage. Sobald Person A eine Antwort von Person B erhalten hat, zieht Person B die nächste Karte und befragt nun Person A.

Variante 3

Ihr zieht eine Karte und jeder von euch beantwortet die Frage aus seiner Perspektive. Das macht die Sache besonders interessant. Erst, wenn sowohl

In dieser Variante könnt ihr als zusätzlichen Anreiz auch Punkte verteilen: Stimmt eure Einschätzung, dürft ihr die Karte behalten; wenn nicht, bekommt der jeweils andere sie. Wer am Ende die meisten Karten hat, gewinnt einen vorher vereinbarten Preis.

Für alle Varianten gilt:

Oft ergibt sich aus der Frage selbst oder aus

Person A als auch Person B die Frage beantwortet haben, wird eine neue Karte gezogen.

Variante 4

Dies ist die schwierigste Version. Ihr zieht auch hier eine Karte und jeder beantwortet die Frage — aber in diesem Fall antwortet Person A aus der Perspektive von Person B und umgekehrt. Wie gut könnt ihr euch in euren

Partner hineinversetzen? Wie würde er die Frage beantworten?

Ein Beispiel:

Person A zieht eine Karte mit der Frage »Wobei unterstütze ich dich?«. Nun geht es nicht darum, dass Person B antwortet, wobei Person A sie unterstützt, sondern Person B überlegt, was Person A wohl denkt, wobei Person B sie unterstützt.

Wenn du dir wünschen dürftest, dass ich eine Sache nie mehr wieder mache, welche wäre es?

Nenne drei Dinge,
die du an mir
liebst – ohne
nachzudenken!

Vor was hattest du vor unserer Hochzeit Angst? Hat es sich bewahrheitet?

Du planst einen romantischen Abend mit mir. Was darf auf keinen Fall fehlen?

Wenn du einen gemeinsamen Tag oder Augenblick noch einmal erleben könntest, welcher wäre es? Warum genau dieser?

In welchem
Moment warst
du dir sicher,
dass du den Rest
deines Lebens mit
mir verbringen
möchtest?

Wie, denkst du, wäre dein Leben heute, wenn wir uns nie begegnet wären?

Gibt es etwas an mir, das dir manchmal vor anderen peinlich ist?

Wie möchtest du unseren nächsten Hochzeitstag feiern?

Bei welcher Alltagsaufgabe bist du froh, dass ich sie übernehme? Was würde passieren, wenn du sie einen Monat lang machen müsstest?

Wer von uns hat den cooleren Trau-zeugen? Warum ist er/sie cooler?

Welche ist
deine schönste
Erinnerung an
unsere Hochzeit?

Wie stellst du dir einen gemeinsamen Tag mit mir in 20 Jahren vor?

Welche Hinter-
grundmusik würde
zu unserem ersten
Kuss passen?

Welche ist deine Lieblingsstelle an mir?

Wem hast du als
Erstes erzählt,
dass wir heiraten?
Was hat derjenige
dazu gesagt?

Welche ist deine schönste Erinnerung an unsere Flitterwochen?

Welches ist dein Lieblingsoutfit an mir?

Womit habe
ich dich zuletzt
überrascht?

Warst du während unserer Ehe schon mal eifersüchtig? Wenn ja, auf wen und warum?

Was hast du
erst durch mich
gelernt?

Wobei unterstütze ich dich?

Gibt es etwas,
das du in unserer
Verlobungszeit
besonders schön
fandest?

Wenn du eine Sache, die uns betrifft, ungeschehen machen könntest, welche wäre das?

Gibt es etwas an mir, von dem du nicht genug kriegen kannst? Was ist es?

Welcher Nachname würde besser zu uns passen als der, den wir haben? Warum?

Welchem Beruf sollte ich deiner Meinung nach nachgehen? Warum?

Wann bist/warst du besonders stolz auf mich?

Komme ich in deinen Träumen vor? Wenn ja, erinnerst du dich an einen? Erzähl!

Gibt es etwas,
das du in den
nächsten zwei
Jahren gemeinsam
mit mir erreichen
willst?

Wenn Geld keine
Rolle spielte, was
besäßen wir dann?

Bei welchen Gelegenheiten passt du dich mir an?

Bei einem Ausflug in den Dschungel verirren wir uns und sind von nun an auf uns gestellt. Mit welchen Fähigkeiten trägst du zum Überleben bei? Mit welchen ich?

Was, glaubst
du, finde ich
besonders unwider-
stehlich an dir?

Was macht dir
nur mit mir
zusammen Spaß?

Wie zeige ich dir meine Liebe?

Hättest du uns gerne als Eltern gehabt? Warum (nicht)?

Worüber können
wir endlos
diskutieren,
ohne auf einen
gemeinsamen Nenner
zu kommen?

Sei ehrlich:
Hättest du bei
unserem ersten
Treffen gedacht,
dass wir beide
einmal vor dem
Altar landen
würden?

Wenn du unsere Ehe mit einem Wort beschreiben müsstest, welches wäre es?

Vervollständige folgenden Satz: »Wir passen zusammen wie ...«

Was kann ich besser als du? Und was kannst du besser als ich?

Wenn wir unsere Hochzeit wiederholen würden, was würdest du anders machen wollen? Und was genauso?

Hattest du schon mal Sorge, wie ich auf etwas reagieren würde? Was war es? Habe ich so reagiert, wie du es dir gewünscht hattest?

Gibt es etwas,
das dir vor mir
unangenehm ist?

Womit bringe ich dich zum Lachen?

Gibt es ein
kleines Ritual in
unserem Alltag,
das du besonders
gern magst?

Wenn es eine Fernsehserie über unsere Familie gäbe, welchen Titel würde sie tragen?

Stell dir mal unsere Goldene Hochzeit vor. Was siehst du vor deinem inneren Auge?

Was war deine größte Fehleinschätzung meiner Person, als wir uns noch nicht so gut kannten?

Wenn du die Augen schließt und an mich denkst: Was tue ich dann gerade? Wo bin ich? Wie sehe ich aus?

Vervollständige diesen Satz: »In deiner Gegenwart …«

Welchen Gegenstand in unserer Wohnung würdest du am liebsten loswerden?

An welches Tier erinnere ich dich? Warum?

Welchen Satz
von mir wirst du
niemals vergessen?

Was macht unsere
Ehe so besonders?

Du kannst einen Tag lang ich sein. Was willst du an dem Tag unbedingt tun, was auf gar keinen Fall?

In welcher Familie gibt es das nervigste Familienmitglied? Wer ist es? Warum ist er/sie eine Nervensäge?

Was hat sich seit unserer Hochzeit in unserer Beziehung verändert?

Bei welchem
Thema sind wir uns
immer einig?

Findest du,
dass wir gut
streiten können?
Was könnten wir
verbessern?

Jede Familie hat ihre Eigenarten und auch ihre Geheimnisse. Was kann es Spannenderes geben, als sie zu ergründen? Mit den unterhaltsamen und inspirierenden Wissens- und Plauderfragen in diesem Kartenspiel kommen Familien endlich mal so richtig ins Gespräch. Es ergeben sich lustige Momente, nostalgische Erinnerungen und eine Menge überraschende Erkenntnisse. Ein wunderbares Spiel für einen gemütlichen Familienabend!

ISBN 978-3-7423-1044-6